DE

L'ADMINISTRATION ACTUELLE,

ET

DU REFUS DE L'IMPOT.

L'OPINION PUBLIQUE

ÉGARÉE PAR LE JOURNALISME.

PAR LE CHEV^{er} DU B....

PARIS,

CHARLES MALOT, LIBRAIRE,

Palais-Royal, Galerie Neuve-d'Orléans, côté de la cour.

1830.

AVANT-PROPOS.

C'est contre l'accaparement de l'esprit public que cet écrit est dirigé; c'est contre cette intrigue qui envahit tout, que notre plume s'est armée. En effet, comment voyons-nous faire aujourd'hui de la liberté? toute la politique, toute la littérature, tout l'esprit public enfin se concentrent dans les feuilles publiques. Le journalisme s'est rendu maître de toutes les avenues, pour les occuper selon ses ambitions privées et ses passions : on appelle cela de la liberté!! Oui, mais de cette liberté de carrefour ou de Charenton. C'est donc un devoir sacré pour tout homme de cœur et vraiment indépendant de se soulever contre un pareil attentat de la presse quotidienne; et nous espérons bien que si nous sommes attaqués par un parti pour avoir osé dire la vérité, nous aurons pour nous les hommes élevés en vertus, en sciences, en dignités morales et politiques qui, comme nous, repoussent loin d'eux le mauvais goût; cette politique de spéculation, ce commerce de déloyauté, indigne d'un peuple qui se dit le plus poli de la terre.

Nulle part, peut-être, l'opinion ne se montre plus vexatoire et tyrannique que dans les bureaux de ces feuilles publiques. Là se trouvent les coalitions de toutes les médiocrités politiques, là se forme le complot dirigé contre des hommes à jamais dévoués, qui ne demandent qu'à servir utilement le prince et leur pays. Vraies syrènes de place publique, les feuilles du parti de l'opposition se distinguent surtout par cette ruse qui consiste à flatter, à corrompre et attirer les hommes simples dans leurs piéges; ils assurent chaque jour à leurs abonnés qu'eux seuls ont la véritable opinion, la quintescence des bonnes doctrines; et c'est ainsi qu'ils font métier d'égarer l'opinion publique. Arrachons un peu à tous ces Sycophantes politiques le masque qui les couvre.

DE L'ADMINISTRATION

ACTUELLE,

ET DU REFUS DE L'IMPOT.

Voici six mois qu'un ministère royaliste nous gouverne : le parti de l'opposition nous avait promis des coups d'état, le renversement de nos institutions les plus sacrées ; et jusqu'ici tout a été maintenu, rien n'a pu faire croire un instant au moindre changement. Nos ministres même, rendons-leur cette justice, ont fait preuve de leur sincère amour pour la liberté, en laissant les journaux libéraux répéter à l'envi mille et une calomnies sur leur compte.

Des économies étaient depuis long-temps réclamées, et ce besoin se faisait de plus en plus ressentir chaque jour; les amis de la monarchie voyaient avec peine que chaque année le budget des dépenses générales, au lieu de diminuer, prenait un accroissement onéreux pour les contribuables. Tous les efforts de nos ministres, depuis six mois, ont eu pour but d'alléger les dépenses de leurs administrations : et le ministre des finances particulièrement ne cesse de s'occuper de tout ce qui tend à soulager les charges de l'état. Plusieurs ordonnances favorables à l'industrie et au commerce ont été rendues : réclamées depuis long temps, ses prédécesseurs n'y avaient point encore pensé.

Que devons-nous conclure des terreurs paniques des écrivains du parti libéral? qu'eux-mêmes ne croyent pas à leurs vaines terreurs, qu'ils cherchent à égarer l'opinion publique.

Aucun motif particulier ne nous a engagé à prendre la plume pour défendre le ministère actuel des attaques dont il est chaque jour l'objet. Notre opuscule ne ressemblera point à une de ces diatribes auxquelles le journalisme nous a depuis six mois habitués, diatribes lancées contre des hommes honorables qui, n'ayant, je suppose, rien fait pour le roi et le pays, auraient encore à nos yeux un grand mérite, celui d'avoir supporté avec résignation et patience des mensonges et des calomnies.

C'est par des faits et par des raisonnemens que nous tâcherons de ramener l'opinion égarée. C'est en repassant sommairement la conduite tenue par nos ministres, depuis leur avènement au poste périlleux où la confiance du monarque les a appelés, que nous prouverons que les hommes qui paraissent inspirer tant d'aversion au parti de l'opposition, n'ont jusqu'ici agi que très-constitutionnellement, et n'ont rien fait, rien entrepris qui ne fût en tout très-conforme à l'esprit de notre gouvernement et de notre Charte.

Lorsqu'on se sert de la provocation et de l'injure,

une cause est bientôt perdue. J'aurai toujours mauvaise opinion d'un parti qui, n'ayant pas la force de soutenir une question grave et sérieuse, traitera les questions à l'ordre du jour, à coups d'invectives ou de saillies.

Les hommes qui font métier d'égarer la raison, de fomenter chaque jour les passions, osent se dire les organes de l'opinion publique; ils espèrent que nous ajouterons foi à leur argumentation; ils veulent être à la fois les guides et les conseillers de la nation, tandis qu'ils ne se sont mis en rapport d'affections, avec leurs lecteurs que par des haines communes, mais jamais par des *idées solides*. Le journalisme sait par expérience combien il est difficile pour un homme de résister à cette influence de tous les jours, de défendre son opinion, s'il en a une, contre des attaques continuelles; aussi a-t-il soin de flatter constamment son lecteur, et de vanter sa sagacité et son sens droit.

Une fois qu'une feuille a su se faire écouter du public, elle le mène où elle veut. Un exemple prouvera mieux la vérité de cette assertion. Jetons un coup d'œil sur les dociles abonnés de ce journal, si connu par ses innombrables variations; voyons-le déclamer aujourd'hui contre un ministère tout royaliste, et, après l'avoir injustement attaqué, se faire, à la barre d'un tribunal suprême, un rempart de son dévouement au roi; suivons-le encore aujourd'hui dans ses déclamations contre de prétendues attaques faites à la Charte, et reportons-nous ensuite au temps où il approuvait le changement qu'un de ses rédacteurs influens était parvenu à faire adopter à la chambre des députés.

Le journaliste se rit depuis long-temps de la crédulité de ses abonnés; il leur dit ce qu'il veut, il leur cache ce qu'il leur importe le plus de savoir. Ne nous étonnons donc plus que, dans cette grande capitale, plus que partout ailleurs, nous rencontrions une opinion publique factice, ni raisonnée, ni éclairée, et, delà, cet affaiblissement des esprits et cette corruption de la raison nationale.

Ne serait-on pas en droit maintenant de réclamer un remède à cet abus de la liberté de la publicité, et aux déclamations du journalisme? Peut-on raisonnablement se plaindre de ministres assez bien intentionnés pour réclamer une liberté plus réelle, chercher les moyens de nous donner une publicité plus sage, plus raisonnée et plus complète en même temps? non certainement : nous applaudirons, de grand cœur, à toute mesure qui tendra à provoquer une enquête sur l'état de la presse périodique en France : un pareil acte nous paraîtrait très-constitutionnel, et nous nous joignons aujourd'hui à tous les amis de l'ordre pour le demander hautement.

Les associations partielles pour le refus de l'impôt, qui viennent de se former, où l'on voit dans quelques départemens figurer les noms d'un assez grand nombre d'électeurs, ayant à leur tête ceux de quelques députés qui ont cru ne pas devoir rester en arrière de leurs commettans ; ces associations illégales que le journalisme a fait naître, en persuadant à ses lecteurs que le ministère du 8 août avait l'intention de dissoudre la chambre, ne sont-elles pas la preuve convaincante de ce que nous avançons, que la publicité fait tous ses efforts pour égarer et tromper l'opinion publique ? La dissolution de la chambre des députés n'est-elle pas un droit octroyé à notre roi par la Charte ? Si le monarque, dans sa sagesse, juge qu'il nécessaire au bien de son peuple de régénérer ses représentans, le journalisme a-t-il le droit d'attaquer les actes émanés du trône ?

Déjà nous avons vu, sous le précédent ministère, les journaux de l'opposition nous entretenir beaucoup de cette régénération de la chambre : en 1828, ils la regardaient comme caduque ; en 1829, ils la trouvaient trop vieille pour nos jeunes destinées, et trop timide pour les grandes luttes qu'ils désiraient si fort voir arriver. Par qu'elle bizarrerie voyons-nous cette caducité recevoir aujourd'hui tous les honneurs de la force et de la vigueur de la jeunesse ? ils s'appuient en espérance sur elle, la contemplent avec amour, et attaquent les ministres du roi, leur prêtant une pensée qu'ils n'ont même jamais eue. Nous les voyons maintenant repousser toute idée de dissolution de la chambre, avec autant d'ardeur qu'ils l'appelaient, il n'y a encore qu'une année ; comment expliquer que le premier objet de leurs désirs soit tout à coup celui de leurs craintes? le journalisme peut donner la clef de cette bizarre anomalie. Quant à nous, nous l'en dispenserons ; nous croyons l'avoir deviné : il n'y a pas de cause sans effet, on ne passe pas ainsi du mépris à l'estime, et de la défiance à l'abandon. Les libéraux, en réclamant la dissolution de la chambre en 1828, espéraient que cette grande mesure leur enverrait une chambre entièrement selon leurs vœux. En effet, qu'avaient-ils à craindre d'un ministère qui paraissait se déclarer neutre dans la lutte électorale, où, comme on le sait, le parti libéral ne reste pas inactif? Le rôle de simple spectateur, auquel le ministère précédent s'était condamné, leur laissait un champ vaste à l'intrigue : de tous les côtés les avenues leur appartenaient; ils étaient maîtres et juges de la lice. Les temps ont bien changé en six mois ; un ministère est venu, composé uniquement d'élémens monarchiques, qui a compris toute l'étendue de ses devoirs, qui sait que l'on ne peut gouverner que par l'union et la fermeté, et surtout en mettant au grand jour l'éclatante manifestation de la pensée royale, qui n'est qu'une! Les libéraux deviennent craintifs, ils repoussent cette dissolution qu'ils désiraient si vivement; ils se résignent, crainte de pis ; ils se liguent contre un ministère qui n'a d'autres torts que de ne pas vouloir leur céder ; et nous voyons la désunion se jeter dans le camp de l'opposition : les uns appellent à grands cris le refus des subsides, les autres, plus raisonnables, jugent cet acte inconstitutionnel, et se refusent à signer aucune association.

Admettons un instant que les intérêts sacrés de la patrie engagent notre monarque à se retrancher dans sa prérogative toute royale, qu'il se détermine à dissoudre une chambre rebelle, pour ne pas voir l'état se dissoudre. Le seul fait de cette dissolution, en rétablissant les situations naturelles, ne renouvellerait-il pas toutes les conditions des existences politiques? Ne remettrait-il pas chaque homme et chaque chose à sa véritable place? La dissolution d'une chambre qui voudrait refuser l'impôt, n'avertiraitelle pas les royalistes craintifs de ne point désespérer de la fortune du royaume? Ne reviendraient-ils pas au combat plus hardis et plus forts qu'auparavant, et bien convaincus, par l'expérience, du danger de l'inertie et de la pusillanimité, aussi bien que de celui des divisions? Ne leur inspirerait-elle pas le courage de se montrer et l'espérance de vaincre? c'est un premier point qui n'est pas à dédaigner.

Un pareil acte forcerait enfin les partis à se dessiner davantage, et à tracer plus profondément la limite qui les sépare. Par ce seul fait de la dissolution, un grand prestige s'évanouit; la révolution perd ce doux langage et ces formes élégantes qui la rendaient méconnaissable aux yeux des hommes qui ne sont qu'égarés. Car comment supposer un instant que nous verrons jamais de paisibles propriétaires courir audevant du tumulte et de la spoliation, des électeurs industriels, confiant au désordre le soin de les enrichir, semant à plaisir dans tous les esprits le vertige et l'ingratitude ?

Le monarque a juré de maintenir les institutions qui nous ont été données par son prédécesseur, il a renouvellé à Reims le serment de faire le bonheur de ses peuples, et à ses peuples de protéger leurs libertés. La France ne peut pas avoir deux maîtres ; celui qui nous gouverne est le successeur d'une longue et glorieuse suite de rois ; c'est l'héritier légitime d'un trône, illustré par vingt-huit rois de la même famille, qui ont consacré pendant six cents ans leur vie et leur sang au bonheur et à la défense de leurs sujets, qui ont lutté avec une persévérance héréditaire contre les auteurs de la barbarie et les exigeances de l'ambition, qui ont arraché leurs sujets à la domination de la féodalité, qui ont fait participer le peuple à toutes les conquêtes faites par l'autorité royale, qui ont tiré les serfs de l'esclavage, pour en faire des hommes libres, qui ont doté les couronnes de franchises et qui ont fait émaner du trône la justice souveraine. Six siècles ont suffi pour opérer tous ces prodiges et pour les exécuter au milieu des guerres civiles, des invasions, des luttes sanglantes et des révoltes ; c'est à travers tant d'obstacles, que nos rois, à force de zèle, de soins et de longanimité, ont adouci les mœurs de la nation, poli les usages, illustré les arts, les lettres et les sciences, enrichi le commerce et l'agriculture, et porté au plus haut degré la gloire de nos armées. C'est en vous, Charles X, que votre peuple entier, pénétré de tant de bienfaits et convaincu de tant de prodiges, place une confiance sans bornes, et votre sagesse est pour lui une garantie, bien avant la Charte.

Bien convaincus que ces associations n'auront aucun effet, que le refus des impôts n'aura pas lieu, repoussons aussi toute idée de dissolution de la chambre des députés. Une chambre composée d'hommes, tous intéressés au maintien de nos lois, se gardera bien de refuser les subsides de l'état, sans motif, et seulement en haine des conseillers de la couronne.

Le ministère actuel, pénétré de sa position, plein de sagesse, a gardé jusqu'à présent une marche de politique pour ainsi dire négative; il s'est borné à apporter toutes les améliorations possibles dans l'administration; il n'a touché à la législation que pour briser quelques entraves, donner quelques libertés nécessaires. Comment donc ajouter foi, après une pareille manière de gérer les affaires de l'état, aux bruits mensongers des feuilles de l'opposition, qui ne cessent de nous annoncer le refus d'un budjet qui leur sera présenté avec des économies, des allégemens, que désire avec tant d'ardeur la masse entière des contribuables?

Répétons-le, ne jugeons point une chambre par les journaux: les grandes questions politiques ne peuvent se trancher avec cette légèreté. Dans une assemblée composée d'hommes graves, réfléchis, qui savent que les yeux de la France sont tournés vers eux, ils craindront comme nous les secousses et les bouleversemens, si dangereux dans un état ; plus que nous peut-être, ils sont intéressés à les éviter ; nous aimons à nous pénétrer de cette grande vérité.

Ne recherchons donc plus dans la véhémence des journaux et l'animosité de leur polémique, un tableau réel de l'état de l'opinion publique dans les départemens. On s'y tromperait fort ; pour eux, la polémique des journaux est plutôt une affaire de curiosité que d'intérêt immédiat ; ils aiment a voir surtout le peu de fondement de leurs alarmes quotidiennes ; ils sourient ironiquement lorsque, le lendemain, ces feuilles sont obligées de démentir ce qu'elles avaient avancé la veille, avec un impertubable sangfroid : nous avons parcouru les départemens, et il nous a été facile de nous convaincre par nous-même, que la France est calme et tranquille, rassurée sur son avenir, comme sur le sort de la monarchie et de nos institutions.

La présidence du conseil des ministres, confiée à un homme politique qui a donné des preuves éclatantes de son dévouement au roi chrétien qui nous gouverne, a été encore le sujet des attaques réitérées du parti de l'opposition. Nous nous sommes réjouis, avec tous les amis de l'ordre, de cette nomination : elle est devenue pour nous le signal d'une marche déterminée : avec la prudence et le courage de M. de Polignac et ses bonnes intentions, il triomphera certainement des plus grandes difficultés. Tout ministère sans unité est un ministère condamné à rester immobile à sa place, ou à ne se mouvoir que par des impulsions inégales, pour périr bientôt, soit de sa faiblesse et de son inertie, soit de son action irrégulière et désordonnée. Tel fut le sort du dernier ministère, qui, livré au parti libéral par l'esprit qui présida à sa naissance, et par la volonté de deux ou trois de ses membres, n'eut cependant pas la force de produire un système capable de satifaire à des exigeances quelconques, et mourut, également poursuivi par l'opinion qu'il devait servir et par celle qu'on l'avait chargé de combattre.

Le caractère bien connu de M. le prince de Polignac est pour nous royalistes un motif de confiance et de sécurité; et l'ouverture de la chambre, qui doit avoir incessamment lieu, sera pour son ministère une ère nouvelle, et non pas un tombeau, comme chaque jour nos feuilles libérales se plaisent à le répéter. Il s'y présentera avec cette politique ferme et sans passion, parce qu'elle sera loyale et courageuse; quelques difficultés pourront bien se présenter, mais plus elles seront imminentes, et plus il y aura de gloire à les vaincre; et il est bien sans doute permis de parler de gloire à un ministre tout inspiré par le sentiment le plus noble du dévouement et de la religion.

Jamais ministère ne fut plus propice à rassurer les esprits, à donner de la sécurité : l'union qui existe parmi ses membres, les bonnes intentions qui les animent tous, sont des garanties que, même les hommes qui ont déclamé contre eux, à leur arrivée au pouvoir, ne peuvent, dans le fonds, s'empêcher de reconnaître.

Serait-il raisonnable d'admettre que celui qui exposa sa vie pour son roi, irait aujourd'hui trahir ses intérêts, concourir à un changement par des actes contraires à la volonté royale; lui qui ne désire rien tant que de voir l'état actuel des choses se consolider peu à peu par de bonnes lois ?

En jetant les yeux sur les autres membres du conseil, verrons-nous un ministre de la marine, courir aussi après les changemens ? cet administrateur habile et intègre, qui sut si bien se concilier les esprits dans des temps difficiles, placé à la tête d'un département divisé par les opinions, et où régnait la plus grande agitation, sut, grâce à sa modération et à sa sagesse, faire renaître le calme dans le département de l'Isère. Et plus tard, quel zèle ne lui avons-nous pas vu déployer dans ses fonctions de premier administrateur d'une des plus grandes villes de France ? un pareil dévouement, des connaissances aussi variées qu'étendues ne devaient-elles pas un jour appeler M. le baron d'Haussez au ministère ?

Serait-ce le ministre de la justice qui inspirerait des craintes au parti de l'opposition ? Cet homme honorable, si connu par sa probité et la modération de ses opinions, les choix des hommes qu'il a déjà faits, et qui tous sont appelés à remplir les fonctions les plus importantes dans l'état, *rendre la justice*, n'a-t-il pas donné, par-là, des garanties pour l'avenir, et la preuve éclatante de ses loyales intentions?

M. de Montbel, avant d'arriver au ministère de l'intérieur, a-t-il fait preuve d'ambition dans son administration toute paternelle de maire de la ville de Toulouse? toutes les opinions dans sa ville natale se sont plues à vanter sa réputation de droiture et d'honnêteté. Ses compatriotes ne lui ont-ils pas donné une preuve de leur confiance, en le portant à la députation? Serait-ce un portefeuille qui, dans un instant, lui enlèverait cette réputation sans tache?

Le ministre de la guerre, plus que tous ses collègues, a subi les attaques du parti libéral; à ses yeux il a un grand tort, commis une énorme faute; celle d'avoir tout fait pour favoriser plus promptement le retour de nos princes au trône de leurs ancêtres. On sait que le seul regret de M. le comte de Bourmont, avant la bataille désastreuse de Waterloo, était de ne pouvoir arrêter le sang français qui, immanquablement, allait couler, par l'obstination d'un homme à vouloir ressaisir un pouvoir qui lui était échappé, et qu'il ne pouvait plus conserver que par la force et la tyrannie. Refusera-t-on à ce ministre les qualités nécessaires pour bien administrer le portefeuille de la guerre? cet officier supérieur et distingué n'a-t-il pas déjà apporté, dans toutes les affaires de son ministère, ce coup d'œil de l'homme de génie; et ses actes n'ont-ils pas eu l'approbation générale de l'armée; je dis plus, de ceux mêmes qui, de prime abord, l'ont attaqué?

Est-il nécessaire de consacrer quelques lignes à la défense du ministre des finanees; cet homme, sur le compte duquel le parti libéral est forcé de se taire? Le nom seul de M. le comte de Chabrol n'est-il pas une garantie, un gage de sécurité, lui membre de cette grande famille qui s'est toujours distinguée par son attachement au pays et son dévouement à la monarchie, et qui, chaque jour, s'efforce d'apporter l'ordre et l'économie dans les postes honorables, où la confiance du roi l'a appelé? De tels hommes ne rêvent point les bouleversemens et les révolutions.

M. le ministre de l'instruction publique ne pouvait aussi manquer de voir les moindres actions de sa vie contrôlées, et passer au creuset, où le parti de l'opposition ne cesse de placer tous les hommes utiles à leur pays. M. Guernon de Rauville, appelé depuis plusieurs années aux postes les plus élevés de la magistrature, s'était distingué par son intégrité et son talent oratoire, et le zèle qu'il apportait à faire exécuter et respecter les institutions du pays.

Voilà donc les hommes accusés en masse de vouloir renverser la charte, saper nos institutions par leurs plus solides fondemens! Que prouvent ces attaques violentes, ces alarmes de coups d'état, répandues jusqu'à satiété, depuis six mois, par le journalisme? qu'on ne doit plus ajouter foi à leurs écrits, et que ceux qui cherchent, sans appuyer leur accusation, à déverser le blâme sur autrui, se voient à leur tour l'objet de l'oubli, du sarcasme et du mépris.

Le ministère actuel se créera dans la chambre, nous n'en doutons pas, un nombreux parti autour de lui : au lieu d'aller timidement se placer au centre d'un parti tout formé, il y arrivera avec des idées nouvelles, au risque de choquer, peut-être au premier moment, ses plus honorables amis ; mais il saura forcer, même les ennemis de son administration, à se rallier autour de lui.

Le ministre de l'instruction publique demandera qu'on établisse l'instruction en France sur ses véritables bases, en conciliant les droits et la juste influence de l'état, avec les droits imprescriptibles des pères de famille, et l'esprit de la constitution même. On songera ensuite à fixer les rapports de l'église et de l'état, et à délivrer la première d'un protectorat qu'elle achète au prix de sa dignité et de son influence morale. Ne serait-il pas possible de faire enfin cesser le scandale des dissentions annuelles sur les budjets ecclésiastiques, en stipulant, par exemple, une somme fixe en rentes sur l'état, à titre d'indemnité due au clergé pour ses fonds confisqués, et en lui rendant, par une disposition subsidiaire, le droit d'acquérir et d'administrer comme il l'entendera, sans la surveillance et le concours de l'autorité publique ? C'est en dotant la religion d'institutions fortes, indépendantes, vraiment libérales, qu'on pourra payer sa dette d'homme de foi et de piété. Si l'on prenait une autre route et des voies étroites et détournées, la France monarchique et religieuse serait encore compromise et menacée de périr par un coup de bonne intention, ainsi qu'un homme d'esprit le prophétisait dès le commencement de la révolution.

M. le ministre de l'intérieur, de son côté, songera à élargir les bases de l'administration intérieure, à consolider les grandes positions administratives par une sorte d'inamovibilité de fait. Sans doute le moment n'est pas éloigné où l'on essayera d'assurer l'influence de nos préfets dans les localités, en les consultant, et en leur laissant, en matière d'élection, comme en matière contentieuse, toute l'indépendance compatible avec l'unité de direction et la responsabilité ministérielle. Ces réformes salutaires ne pourraient-elles pas aussi s'étendre, dans le même sens, aux conseils généraux, en leur accordant, par ordonnance royale, l'inamovibilité?

Il nous semble de toute nécessité que la presse soit modifiée. Elle doit être telle que le gouvernement ne la méprise jamais ni ne la redoute; qu'il rende hommage à son irrésistible influence, et qu'il puisse s'en prévaloir dans l'intérêt de la seule cause qui soit belle, raisonnable et facile à défendre, celle du trône, appuyée sur les intérêts et la liberté de tous, celle de la religion, appuyée sur la science et la vertu.

Le cabinet d'aujourd'hui, composé d'élémens de même nature, en suivant cette marche d'indépendance et de loyauté qui l'a distigué jusqu'à ce jour, montrera que la France n'est point ingouvernable, que les noms propres ne font rien à l'affaire. Si parmi nous, il est vrai, la popularité se perd, du jour au lendemain, elle s'acquiert aussi de même. Peuple sans rancune et sans mémoire, le Français se laisse aller jusqu'au bout de son enthousiasme; il est comme un coursier plein d'ardeur qu'il suffit de savoir monter.

Déjà on a été à même d'apprécier le caractère noble et pur du président du conseil des Ministres. Il s'est, en quelque sorte, tenu jusqu'à présent, à égale distance de ses amis et de ses ennemis, attirant à lui tout ce qui est digne d'être attiré; laissant dans l'oubli tout ce qui doit y être laissé. Son coup d'œil ferme et prompt a déjà foudroyé mille petites intrigues, qui, si on les avait laissé faire, seraient peut-être devenues plus fortes que le gouvernement. Il a su très-habilement se défendre de l'intrigue, se prémunir contre les ambitieux; il ne s'est entouré que d'hommes capables, il n'a point écouté les dénonciateurs. Tout ce qui était probe, loyal et franc, tous ceux qui avaient fait preuve de capacité ont été appelés auprès de lui.

Il a senti que ce n'était point de nos jours qu'on pouvait faire autant de bien avec des lois qu'on le suppose généralement. L'étoffe nous manque en matière de jurisprudence; ce n'est pas que la France ne possède d'excellens avocats; mais en général, comme on a pu s'en apercevoir, cette classe d'hommes a plutôt l'instruction du barreau que l'instruction des affaires publiques. Il est rare qu'on lui trouve des connaissances bien profondes en politique; ses études se sont renferméesdans les codes, car elle ne s'est appliquée qu'à plaider des causes. Généralement parlant, nos avocats ne portent guère un jugement politique, philosophique ou historique sur les lois elles-mêmes; ils ont été aussi souvent fabricateurs de constitutions que plaideurs de chicanes; voilà cependant les hommes que nous rencontrons, à chaque pas, dans le parti de l'opposition, et qui, sur le terrain de la politique, ne seront pas des ennemis bien à craindre.

M. le prince de Polignac sait bien que ce n'est pas en portant lois sur lois devant les chambres qu'on pourra nous fonder un avenir; ce n'est pas non plus en improvisant des institutions, qu'il peut semer dans un temps, pour receuillir dans un autre; c'est, avant tout, en dirigeant toute la force du gouvernement sur le triple objet de la prospérité matérielle, de l'éducation intellectuelle et de la politique étrangère. Quant à la prospérité matérielle, ceux de MM. les députés qui, comme nous, auront parcouru l'Angleterre, la Belgique, diverses contrées de l'Allemagne, et même quelques-uns des cantons de la Suisse, diront tout ce qui manque à la France; nos canaux, nos routes, notre agriculture, nos terres incultes, et qui attendent le défrichement dans des provinces entières, réclament une activité à laquelle le gouvernement peut donner l'impulsion, en s'associant les particuliers. C'est en créant des intérêts de cette espèce que l'Angleterre a réparé les blessures de ses guerres civiles, et que la pacification des esprits s'y est opérée sur une base solide.

Les intentions du président du conseil et de ses collègues sont bien formelles ; ils veulent tous accorder à l'industrie ce qu'il est juste de lui accorder; et celle-ci, respectée comme elle le mérite, ouvrira certainement les yeux à des bienfaits réels, à un encouragement bien entendu. Cette classe industrielle qui forme la masse électorale, ne repoussera pas des sentimens monarchiques qui s'allieront avec sa prospérité; de ce que aujourd'hui elle ne s'unit pas d'enthousiasme à la cause monarchique, il ne faut pas en conclure qu'elle y demeurera à jamais récalcitrante. L'industrie et l'agriculture sont utiles, nécessaires; l'une et l'autre doivent être encouragées; mais on serait injuste, si pour elles, les services publics étaient dédaignés ; car enfin, l'industrie et l'agriculture intéressent des existences privées; le service public embrasse le bien, la sûreté entière; car, sans gouvernement, il n'y a pas de société.

Tel est, sur ce point de vue, et en raccourci, la tâche haute et élevée pour laquelle M. le prince de Polignac s'est réservé, en concentrant dans sa personne l'unité du conseil. Il aura, il le sait mieux que nous, sa barque à conduire à travers des difficultés sans nombre, qui proviendront peut-être d'autre part encore que des cris du journalisme et de l'opposition des chambres; car il y a dans les choses même plus d'un obstacle; et il faut pour en triompher, posséder cet art profond d'élever des hommes, de les créer en quelque sorte, de les faire grandir à ses côtés; art sans lequel il n'y aura jamais d'hommes véritablement politiques.

Le ministère actuel entend donc trop bien ses intérêts pour se renfermer, en se présentant à la chambre, dans une coterie; d'avance tous les hommes honorables qui ont donné des gages de leur devouement à la dynastie des Bourbons lui appartiennent. Nous verrons infailliblement le centre gauche se rapprocher de la droite; un traité de paix entre les diverses nuances se fondera sur une mutuelle tolérance; la politique nouvelle veut être large et généreuse. Il est digne d'un ministère hautement inspiré par l'amour du bien public, de rallier les hommes amis de l'ordre, qui se sont divisés un instant, pour notre malheur commun.

Nous avons vu les amis politiques de M. Royer-Collard accuser la droite, en raison de ses penchans nobiliaires, de ses affections de cour, de son envie de favoriser des congrégations religieuses, aux dépens de tout autre mode d'enseignement. La droite, à son tour, récrimine contre le centre gauche, en prétendant que la morgue plébéienne n'est pas moins insupportable que la fierté de quelques grands seigneurs; et ajoutent que messieurs les doctrinaires ont plus d'ambition qu'ils n'en veulent avouer. Ramener ces hommes, que si peu de chose a désunis, et le ministère aura fait une conquête, qui, au moment du scrutin, lui assurera infailliblement la victoire.

Le plus grand danger de notre position sociale, et qui paraît encore être bien compris par le ministère actuel, c'est l'exclusif esprit de domination qui anime tous les partis. Les royalistes et les libéraux exclusifs veulent tous dominer les élections d'une manière absolue; ils se déciment, s'éliminent les uns les autres. Viennent ensuite les petites coteries avec leurs prétentions particulières; tout est cabale, complot et mensonge, c'est à ne plus s'y reconnaître: chacun accuse son voisin; personne ne veut s'accuser soi-même. Sous un gouvernement monarchique et religieux, les associations de toutes espèces doivent être publiques; tout ce qui se trame dans l'ombre doit être démasqué, et poursuivi comme contraire à l'esprit public; si les clubs et les comités électoraux continuent à se cacher, ils ont mérité d'être traités en criminels d'état; il est du devoir des ministres de poursuivre impitoyablement tout ce qui tient à la clandestinité. Quand de semblables mesures auront été prises, chacun vivra tranquille à côté de chacuns; les votes aux élections seront libres, la sûreté de tous sera positivement garantie; nous pouvons répondre alors d'une chambre royaliste.

Le gage de la paix publique ne consiste que dans la tolérance de chacun pour chacun, combinée avec la plus vigoureuse répression de l'intolérance, quelle que soit sa forme; or, tout est intolérance, ou peu s'en faut, dans la France, depuis que le journalisme a le monopole de la persécution. Il ne doit pas être permis à un comité central de se faire un état dans l'état; nous ne voulons pas plus d'associations royalistes qui veuillent gouverner un ministère, que d'un comité directeur, prétendant diriger la France au profit de son ambition.

Tout doit être local en fait de politique; il ne doit y avoir d'opinion générale que dans les chambres et le gouvernement : sinon il y aura immanquablement tyrannie d'un système factice, uniformément imposé; les élections, les places, le gouvernement même sera exclusivement envahi au profit d'une seule classe d'hommes, et c'est là ce qu'il faut soigneusement empêcher. Nous avions besoin d'un *Solon* pour mettre le *veto*, la nation le réclamait depuis long-temps, elle pense le posséder; M. de Polignac lui prouvera qu'elle ne s'est pas trompée.

Ce sont des abus que nos ministres actuels ont à détruire; ce sont des réformes sages qu'ils ont voulu apporter dans l'état des choses, qui leur ont valu les injures et les cris de la faction; ce sont des abus qu'on voulait saper par les fondemens, qui nous ont attiré ces bruits sinistres de coups d'état, ces fausses alarmes de renversement de la Charte, de dissolution de chambre, etc.; et c'est ainsi que le journalisme égare l'opinion; six mois viennent de s'écouler, pas un seul jour ne s'est passé sans qu'une ou deux feuilles libérales n'aient sonné l'alarme; aucuns des pronostics fâcheux portés par elles, ne se sont réalisés ; une seule chose nous a vivement frappés pendant cet espace de temps; c'est l'extrême patience d'hommes honorables à souffrir, sans se plaindre, les attaques journalières dont ils sont l'objet. Cet abus de la licence de la presse ne doit-il pas, dans le fond, indigner tous les honnêtes gens; et ne regarderont-ils pas avec nous ce concert de mensonges comme un véritable crime, puisqu'il a pour but d'égarer les esprits faibles et de pervertir l'opinion publique ?

Une fois que les suppositions de violences et de coups d'état ont été accréditées par le journalisme, on l'a vu commencer l'affaire de l'association pour le refus de l'impôt. C'est ainsi que l'a jugé convenable le comité directeur, et toutes les machinations ont été dirigées contre le plus inoffensif des ministères que nous ayons eu depuis la restauration; c'est contre des hommes qui, jusqu'à présent, ne se sont occupés que d'apporter le plus d'ordre et d'économie possible dans leurs administrations respectives, que se dirigent des préparatifs de résistance; c'est contre eux que l'injure et l'arme de la calomnie se retournent. Ces injustices nous paraissent, à nous contribuables, poussées si loin, qu'il est de toute impossibilité que la France n'en soit pas, comme nous, frappée et indignée.

Il faut plaindre une société, où c'est à la fois un besoin de rechercher et d'accueillir les bruits les plus contradictoires, et qui demande chaque jour des choses nouvelles. Ce sont de pareils motifs qui doivent encourager des ministres royalistes à mettre un terme à ces maux violens, à cette avidité extrême. Lorsque la nation verra un pouvoir bien résolu à se maintenir, nous persistons à croire que les opinions les plus contraires arriveront peu à peu pour le fortifier. Alors, elles n'auront, il est vrai, que le mérite de se tourner du côté de la force, ce qui n'est pas difficile, et ce qui n'est pas rare non plus; tel est le vœu que je forme pour mon pays, pour le roi; car à l'un et à l'autre, je suis et demeurerai fidèlement attaché.

Les libéraux mettent tout leur avenir dans la chambre des députés; ils espèrent follement qu'elle partagera leur ridicule haine contre les ministres actuels. Mais les ministres, à leur tour, ne craignent rien; depuis six mois leur unique occupation a été de faire le bien dans l'intérêt de la cause sacrée qu'ils ont promis de défendre. Ils se présenteront donc devant les chambres avec cette noble assurance, apanage ordinaire de loyaux serviteurs; ils ne se contenteront point d'apporter des espérances aux mandataires de la nation: c'est par des économies réelles dans le budget des dépenses, et par de bonnes lois, qu'ils les forceront de leur donner leurs votes et leur approbation. Les partis seront déconcertés, leurs plans s'évanouiront, et ils ne retireront de leurs calculs sinistres que la honte et la confusion. Au ministère du 8 août appartiendra la gloire d'avoir enfin laissé le roi maître de gouverner l'état avec les lois qu'il a dans les mains, avec les moyens que lui assurent pour toujours l'affection des gens de bien, l'honneur de son armée, le zèle et le dévouement de ses fidèles sujets.

Nous ne saurions trop nous pénétrer de cette importante vérité; la presse demande de nouveaux appuis; de son amélioration dépendra désormais le bonheur de la France; c'est surtout lorsque des ennemis, d'autant plus dangereux qu'ils s'avancent sous le masque de l'hypocaisie, dirigent contre la légitimité les armes qu'ils doivent à sa générosité, c'est surtout lorsqu'on abuse du mot de liberté pour détruire la chose, c'est surtout lorsqu'on ameute tout ce qu'il y a de passions ignorantes et aveugles contre le pouvoir; c'est surtout lorsque le mensonge marche armé de toutes pièces contre la vérité, c'est alors que des ministres royalistes doivent à leur devoir, à leur honneur, se doivent à eux-mêmes d'opposer l'énergie et le dévouement à l'abus criminel qu'on fait de la liberté de la presse. On ne doit avoir en France qu'un seul vœu, un seul but, le triomphe de la légitimité et celui des institutions qu'elle seule nous a données. Toutefois, il y aurait folie à dormir sur une profession de foi; et devant ceux qui veillent, il faut veiller à son tour. Dans sa propre cause, ce n'est pas tout d'avoir bon droit; ce qu'il faut, c'est la gagner; et ainsi, devant un ennemi alerte et habile, renchérir sur la ruse et l'agilité qu'il déploie. Le ministère actuel ne doit pas laisser courir le torrent sans tenter de l'arrêter? Que le ministère s'appuie donc plus sur la morale que sur la politique. Puisque l'une est plus monarchique que l'autre, qu'il se pose à lui-même cette question : Les journaux sont-ils ou non le gouvernement et les chambres? et pour être en droit de faire tout ce que les lois permettent, la liberté a-t-elle, comme les yeux de l'homme, à sa disposition un horizon sans limites? Qu'il résolve lui-même ces deux questions; et quant à la liberté d'écrire, sans demander que le cercle en soit restreint, qu'il exige qu'il soit plus explicitement défini, et il puisera alors à cette source les forces dont il aura besoin. Sérieusement, que diraient les étrangers d'un peuple conduit par le journalisme?

Une monarchie a ses grands principes de vie comme tout ce qui existe; malheur à qui y porterait la main, et puisse-t-elle dessécher à l'instant! Que dirait-on d'un propriétaire qui toucherait chaque jour aux fondemens de sa maison, et inquiéterait ainsi tout son voisinage? L'autorité ne s'emparerait-elle pas d'un pareil fou? Remettre tous les jours en question la base de notre édifice social, ce serait tout ébranler, ce serait porter une atteinte mortelle à la vitalité de nos institutions. Voilà le mal, ministres du roi, il est connu, vous avez en vos mains le remède; il ne s'agit point aujourd'hui de temporiser, ou le fatal creuset est là pour tous, qui dévore et qui brûle. Une fièvre d'impatience et d'ardeur travaille la génération; elle porte atteinte et mine sourdement nos institutions les plus sacrées; c'est à vous de la faire promptement cesser. Il faut une autre tendance aux mœurs, une autre direction aux esprits; il faut enfin appeller à son aide, pour gouverner, la fermeté et la modération, auxiliaires qui ne se trompent jamais; il faut administrer vivement, s'occuper, au grand jour, du commerce et de l'industrie, encourager et protéger grandement les lettres et les beaux-arts, et faire enfin qu'en France, dans la paix comme dans la guerre, sous le meilleur des rois, la gloire se montre sous toutes les faces.

C'est en agissant ainsi, ministres du roi, que le journalisme sera honteux d'avoir, avec tant d'assurance, égaré l'opinion publique, de vous avoir prêté gratuitement les projets les plus insensés; en vous attaquant ils n'ont pas articulé un seul fait, une seule vérité digne de quelque croyance. La raison publique ne peut plus se méprendre à tant de démonstrations hypocrites; ce peuple que l'on flatte et que l'on caresse, finit toujours par reconnaître ses amis et ses ennemis, le masque tombe devant son bon sens, il se lasse de ses éternelles levées de boucliers contre ces fantômes; il se demande les motifs de cette guerre insolente qui pousse ses attaques jusque sur les marches du trône, et met en question l'exercice libre et spontané de la prérogative royale. Le peuple s'éclaire chaque jour, et ses souvenirs lui font entrevoir le piége dans lequel on veut le faire tomber; chaque jour il manifeste son amour pour ses princes, son entière confiance dans son roi; s'il conserve de justes méfiances, c'est contre ces prétendus organes de l'opinion publique, qui plus d'une fois, déjà, l'ont égaré. Malgré les séditieuses clameurs, ministres du roi chrétien, ne vous déviez point de la ligne que vous a tracée l'honneur et le devoir; continuez à vous montrer dignes du prince qui vous a choisis; sa volonté est bien formelle, il désire consolider nos institutions. La Charte est pour la France un gage de paix, et pour la maison de Bourbon un monument de gloire : le gouvernement du roi doit affermir les libertés qu'elle consacre, faire respecter en même temps les droits sacrés de la couronne. Mais pour cela, répétons encore qu'il a besoin d'être fort, il le sent, il le veut, il le sera.

SAINT-DENIS. — Imprimerie de CONSTANT-CHANTPIE.

www.ingramcontent.com/pod-product-compliance
Ingram Content Group UK Ltd.
Pitfield, Milton Keynes, MK11 3LW, UK
UKHW012124240726
13965UKWH00005B/1954